MW00966206

Les feuilles d'automne

Melvin et Gilda Berger

Texte français d'Alexandra Martin-Roche

Photographies : Couverture : George Ranalli/Photo Researchers;
p. 1 : Bill Lea/DPA (Dembinsky Photo Associates);
p. 3 : Raymond Gehman/Corbis; p. 4 : Rod Planck/DPA; p. 5 : Michael P. Gadomski/DPA;
p. 6 : Sharon Cummings/DPA; p. 7 : Darrell Gulin/Corbis; p. 8 : Lon C. Diehl/PhotoEdit;
p. 9 : Royalty-Free/Corbis; p. 10 : Jim Zipp/Photo Researchers; p. 11 : Dan Dempster/DPA;
p. 12 : Burke/Triolo/Brand X Pictures/Picture Quest; p. 13 : Myrleen Ferguson Cate/PhotoEdit;
p. 14 : Rod Planck/Photo Researchers; p. 15 : Franc Müller/Okapia/Photo Researchers;
p. 16 : Carola Koserowsky/Okapia/Photo Researchers.

Recherche de photos : Sarah Longacre

Catalogage avant publication de Bibliothèque et Archives Canada

Berger, Melvin
Les feuilles d'automne / Melvin et Gilda Berger ; texte français d'Alexandra Martin-Roche.

(Lire et découvrir)
Traduction de : Leaves.
Pour les 4-6 ans.
ISBN 978-0-545-99173-5

1. Feuilles--Ouvrages pour la jeunesse. 2. Automne--Ouvrages pour la
jeunesse. I. Berger, Gilda II. Martin-Roche, Alexandra III. Titre.
IV. Collection.
QK679.B4714 2008   j581.4'8   C2008-902265-3

Copyright © Melvin et Gilda Berger, 2004, pour le texte anglais.
Copyright © Éditions Scholastic, 2008, pour le texte français.
Tous droits réservés.

Il est interdit de reproduire, d'enregistrer ou de diffuser, en tout ou en partie, le
présent ouvrage par quelque procédé que ce soit, électronique, mécanique,
photographique, sonore, magnétique ou autre, sans avoir obtenu au préalable l'autorisation
écrite de l'éditeur. Pour toute information concernant les droits, s'adresser à Scholastic Inc.,
557 Broadway, New York, NY 10012, É.-U.
Édition publiée par les Éditions Scholastic, 604, rue King Ouest, Toronto (Ontario) M5V 1E1

5 4 3 2 1   Imprimé au Canada   08 09 10 11 12

Les feuilles changent de couleur
à l'automne.

Info-feuilles

Les feuilles perdent leur couleur verte lorsque les jours deviennent plus courts et plus frais.

Les feuilles deviennent jaunes.

Les feuilles deviennent orange.

Les feuilles deviennent rouges.

Info-feuilles

Les feuilles perdent leur couleur verte, mais d'autres couleurs apparaissent.

Les feuilles deviennent violettes.

Il pleut beaucoup.

Info-feuilles
La pluie et le vent font tomber les feuilles des arbres.

Il y a du vent.

Les feuilles tombent.

Info-feuilles

On appelle les arbres qui perdent leurs feuilles à l'automne des arbres à feuilles caduques.

Elles recouvrent le sol.

Certaines feuilles sont grandes.

Info-feuilles

On appelle les arbres qui gardent leurs feuilles à l'automne des arbres à feuilles persistantes.

D'autres sont petites.

Certaines feuilles sont découpées.

Info-feuilles

Le bord de certaines feuilles ressemble à la lame d'une scie.

D'autres sont dentées.

Les feuilles ont toute une variété
de formes, de tailles et
de couleurs!